TRAUMSEGELSCHIFFSGEFÜHLE

Eine lyrische Wanderung durch
traumhafte Gefilde

Ganz nach einem Ausspruch von
Marie von Ebner-Eschenbach

„Die Liebe hat immer Recht“

Lyrik von Romy Pietzsch und Malerei von
Francesco Pizzata

FSC
www.fsc.org
MIX
Papier aus verantwortungsvollen Quellen
Paper from responsible sources
FSC® C105338

Bibliografische Information der Deutschen Nationalbibliothek

Die Deutsche Nationalbibliothek verzeichnet diese Publikation in der Deutschen Nationalbibliografie, detaillierte bibliografische Daten sind im Internet über http/dnd.dnd.de abrufbar

Herstellung und Verlag

BoD – Books on Demand Norderstedt

ISBN: 9783848252053

Inhaltsverzeichnis

Traumsegelschiffsgefühle

Dieses Kribbeln im Bauch
süßes Gefühl
Schmetterlingsflügelschlagen
es trägt mich davon
in deinen Traum
mit einem Hauch von Verlangen

Du liegst neben mir
in Morpheus Arm
grauweiße Nebelschwaden
sie lösen sich auf
du spürst meinen Duft
für immer in dir eingefangen

Zwei Herzen im Takt
berühren sich sanft
in Traumsegelschiffsgefühlen
halt mich ganz fest
in diesem Glück
aus Glitzerperlenschnüren

Geliebter Mensch

Du hast dich in mein Herz geschlichen
Mit Worten sanft wie warmer Sommerregen
So angenehm und ausgeglichen
Erfrischend frei verrückt nach wahrem Leben

Bist in meine Seele eingedrungen
Geliebter Mensch, ich bin so sehr von dir berührt
Der Weg dorthin war sehr verschlungen
Mit deinem Zauber hast du mich jedoch verführt

Ich bin in einem Gücksverlangen
Im Sinnestaumel - erhoff mir aber nicht
Daß ich auch deine Gunst erlange
Weit weg scheint deine Achtsamkeit für mich

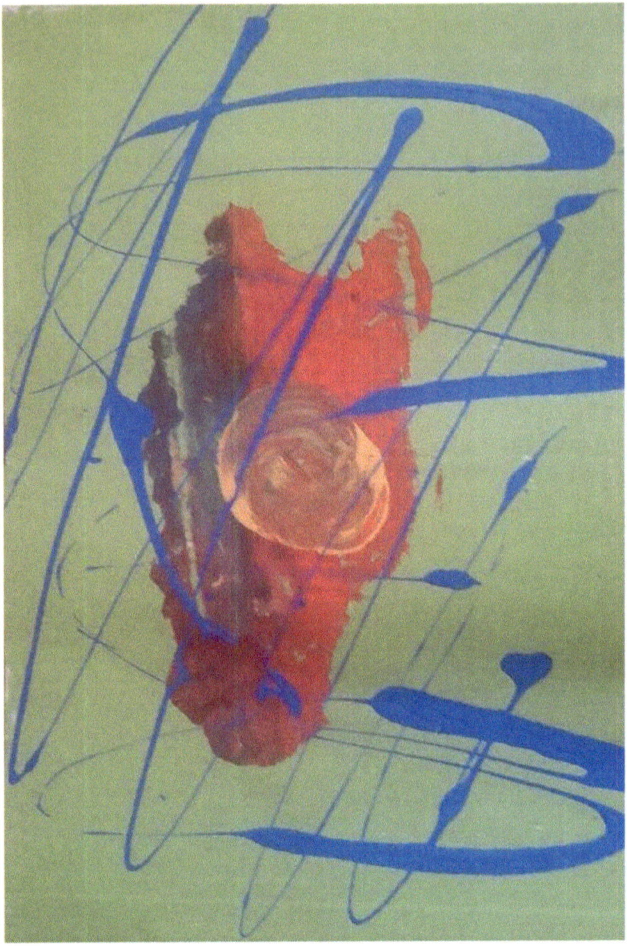

Vertrauen

In jedem Wort kann ich die Zweifel spüren
Mit jedem Blick empfang ich deine Angst
Im Wimpernaufschlag der Gefühle
Verliert sich Hoffnung am vergangnem Schein

Vertrau mir, lass die dunklen Wolken ziehen
Befrei mich von den Fesseln deiner Nacht
Dort hinter nebelblassen Schleiern
liegt silberzart die Seele meiner Lust

Für dich

Windhauchzartes Streicheln durch Mein Haar
Heißkalt spür ich deine Hände
Salzge Tropfen perln von nackter Haut

Wohlig beben Wellen durch mein Sein
Fallen kraftvoll auf mich nieder
Brechen sich in wilden Träumen

Auf Flügelschlagen der Gefühle
Tanzen Wogen voller Lust
Bis sie ruhig im Schilf sich wiegen.

Vergangenheit

Sie nimmt uns mit, sie macht uns reich doch sie verstört uns
Sie läßt nicht zu, dass wir uns öffnen
In allem sehen wir nur Hass und Dominanz

Doch ist es so?

Wie viele Lieben haben wir jetzt schon verprellt?
Wie viele Freunde schroff zurückgewiesen?
Nur weil wir dachten, Vergangenheit, so war es doch gewesen!

Ich bitte dich mein Freund,
Sei klug schau hin
Und überlege gut ob nicht auch
Ich Vergangenheit schon bin

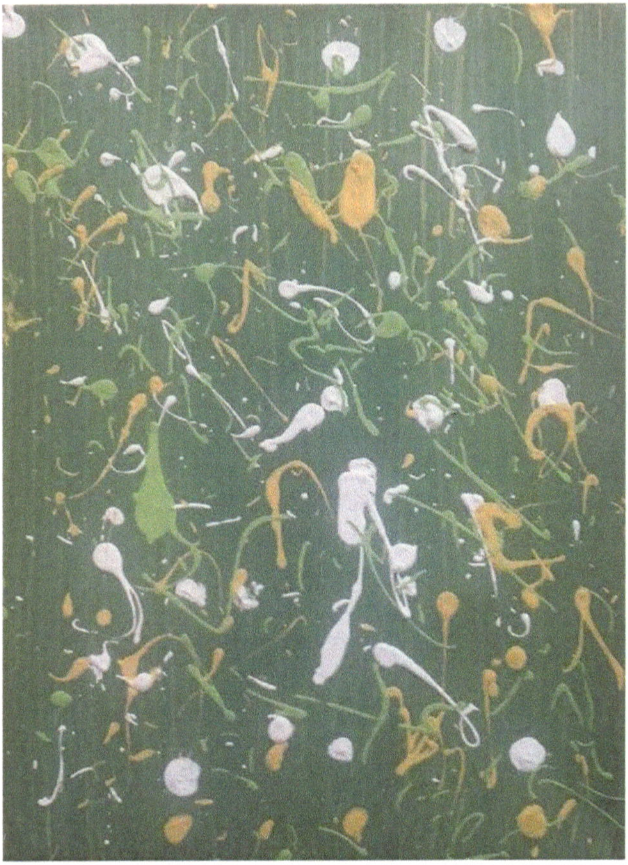

Was ich liebe

Spinnennetz mit Glitzerperlen,
Bachgemurmel, Schafe hüten

Wind in Gräsern, in den Erlen;
Tau auf Rosenblüten,

Heiterkeit und Glücksgefühle,
Nachtmusik und Tanz der Schwäne,

Meeresbrise, Wassers Kühle
und
in meiner Liebe keine Träne

Was könnt ein Baum erzählen

Was könnt ein Baum erzählen wenn man ihn fragte?
Würd er erzählen vom Herz in seiner Rinde?
Von dem kletternden Kinde?
Vom Nest auf seinem Ast,
Von des Windes Hast?
Der Schönheit seiner Blüten,
Der Fülle seiner Mythen?

Vom Lachen der Mädchen
und wehenden Fädchen?
Von der Sommersonnenwende
und so manchem Ende?
Was würd ein Baum erzählen wenn man ihn fragte?

Von dem Leben eben!

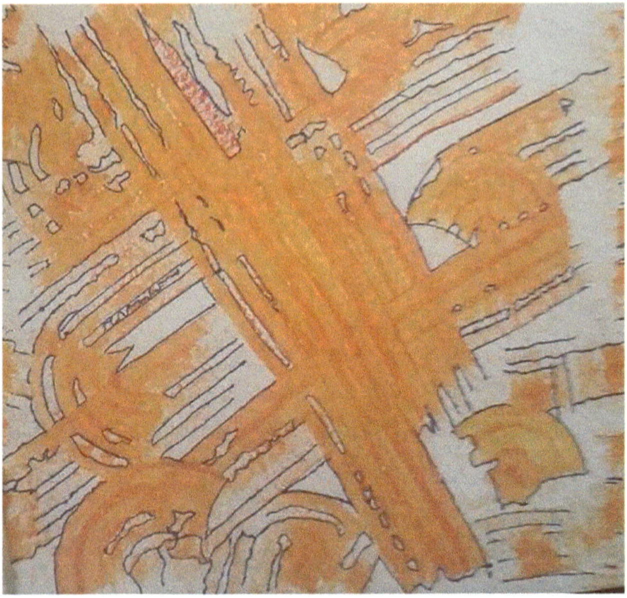

Woher und wohin

Woher kommen wir und warum?
Hat man uns um Erlaubnis gefragt, uns einfach in
die Welt zu setzen?

War es Vorsehung oder ein Zufall?
Ist uns genau dieses Leben zugefallen?

Und wohin sollen wir gehn?
Gibt es einen Plan, eine Karte, eine Absicht?

Werden wir gesund oder krank, arm oder reich
dumm oder gescheit?

Wer bestimmt dass? Oder was?
Woher kommen wir und wohin werden wir gehn?

Stillstand oder doch nicht

Still steht die Erde, sie hält den Atem an
Ein Kind zart und zerbrechlich in seiner Mutter
Arm.
Und Elfen schweben leise von Raum zu Raum
In ihrer alten Weise durch dieses Kindes Traum
Still steht und schaut die Erde
Was immer es auch werde
Es werde gut
Nur Mut

Traumzeit

Friedlich schläfst du, träumst vom Glück
nichts böses ist in deiner Seele
dem schnellen Leben bist du weit entrückt
Kein böser Traum dich darin quäle

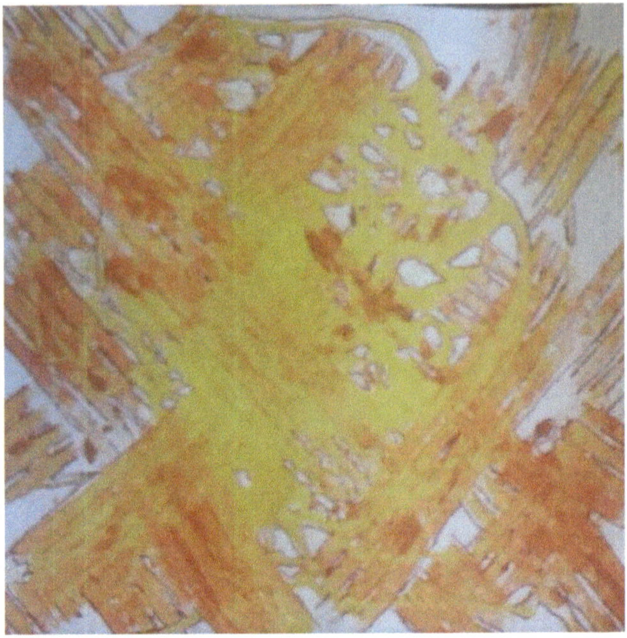

Natürlichkeit

Du bist mit ihr geboren,
lass sie wachsen, schicke sie nicht fort,
verstecke sie nicht hinter Masken,
verbann sie nicht vom Ort.
Verfälsch sie nicht,
zerstör sie nicht im Zorn

Herbstbild

Efeuranken wehen von der Brücke
Alte Bäume säumen rings das Ufer
Ihre Äste greifen nach den Wellen

Nebelschleier tanzen übers Wasser
um in Nichts sich aufzulösen
Blätter fallen sanft - ein buntes Mosaik -
auf dem See als kleine Nachen fortgetrieben

Herbstwaldrauschen unterbricht die Stille
Sonnenstrahlen dringen durch die Wipfel
wärmen noch die kalten Steine

Lehne mich zurück, die Wärme spürend
Tauverzierte Spinnennetze -
Wasserperlenschnüre - glitzern fein im Licht
Sitze still und lächle leicht und genieß dies Glück

Winterabend

Ein Hauch von Weihnachten liegt in der Luft
der Schein von Kerzen erhellt sanft den Raum
Ein Buch liegt aufgeschlagen auf dem Schoss

Ich sehe blinzelnd aus dem Fenster
Die Wiesen schneebedeckt
getaucht in Silbermondenschein

Die Tannen vor dem Haus mit weiß bemützten
Wipfeln
verneigen sich
Die Spuren im Schnee verwehn

Ich lehne mich zurück
versinke träumend
im warmen Duft von Zimt und Tannengrün

Francesco Pizzata - Vita

Francesco Pizzata wurde 1960 in Ciro' Superiore, unter der Sonne Kalabriens in Italien geboren.
Schon als Kind war Francesco fasziniert von Farben und Formen und experimentierte in seinem Lieblingsfach Kunst.
Er siedelte mit seiner Familie 1975 nach Deutschland und lebt hier bis heute.

Als junger Mann fing er an in der Gastronomie zu arbeiten, verlor seine Leidenschaft, die Malerei, aber nicht aus den Augen.
Seit 2000 konnte er sich wieder seinem Hobby zuwenden und autodidaktisch weiter entwickeln.

Die wunderschönen expressionistischen Arbeiten erzählen Geschichten und strahlen in ihrer Farbgebung.

In der Kunstaktion “Fluss mit Flair 2015, 2016 und 2017” stellte Francesco seine Werke aus und beteiligte sich am art freaks people’s chois Art contest.

Weitere Ausstellungen und Projekte sind in Planung.

Romy Pietzsch - Vita

Ich bin 1960 in Dessau geboren, lebe seit 2008 auf einem Bauernhof in Nutha bei Zerbst.

Während meiner Schulzeit war ich im Zirkel schreibender Schüler aktiv, später im Zirkel schreibender Arbeiter in Dessau. Neben dem Schreiben zeichne ich leidenschaftlich gern und hatte das Glück eine Schülerin der beiden Dessauer Künstler Heinz Rammelt und Heinz Szillat zu sein.
Einige meiner zeichnerischen Arbeiten sind auf der Künstlerplattform www.kunstnet.de sowie auf der Online Art Galerie Art Freaks Global sowie der "Pastel Guild of Europe", deren Mitglied ich seit September 2017 bin, sowie in verschiedenen Ausstellungen in Zerbst zu sehen.
Meine literarischen Arbeiten, auch einige Bilder erschienen in verschiedenen Journalen des FDA (Freier Deutscher Autorenverband) Sachsen-Anhalt, dessen Mitglied ich von 2013 bis 2016 war, sowie im Bundesjournal des FDA 2015 und in der Anthologie des FDA Sachsen-Anhalt "Auf Spurensuche" von 2016 sowie der im Verlag Editon Freiberg erschienen Anthologie "Die Liebe hat immer Recht" von 2016.
Weitere Werke werden in den neuen Anthologien der Edition Freiberg, der Bibliothek deutschsprachiger Gedichte und des Lobeer Verlages 2017 erscheinen.
Seit April 2017 bin ich Mitglied des Autorenkreises "Ursula Höricht " Dessau.